A. LACROIX

Bibliothèque historique du Dauphiné

L'ALBENC

ET SES MAITRES

GRENOBLE
Xavier DREVET, éditeur
LIBRAIRE DE L'ACADÉMIE
14, rue Lafayette, 14.

1874

L'ALBENC

ET SES MAITRES

Bâti le long de la route nationale de Valence à Genève, l'Albenc, plus connu sous le nom de l'*Arbe* ou l'*Albe*, est aussi une station du chemin de fer de Grenoble à Valence, entre Poliénas et Vinay, dans la belle et fraîche vallée de l'Isère ; mais son village est presque entièrement dissimulé aux voyageurs de la voie ferrée par un mamelon conique de mollasse très-boisé, au sud-ouest ; par les dernières assises du coteau de Poliénas, au sud-est ; enfin, par les saules et par les noyers touffus qui encadrent ses prairies. Il est assis au pied de hautes collines, et se développe à l'aise dans deux vallées dont l'une, de Tullins à Vinay, est parallèle à l'Isère, et l'autre, plus pittoresque, regarde, au midi, le massif colossal du Vercors, grisâtre au sommet, verdoyant au centre et à la base.

Comme on n'aperçoit au-dessus de ses maisons en pisé, avec tuiles rouges, aucun manoir en ruines, mais une simple maison bourgeoise du XVII⁰ siècle, qualifiée de château dans le pays, on serait tenté d'en conclure qu'il n'y a pas eu là autrefois de familles puissantes et historiques.

Ce serait une erreur. L'Albenc a eu pour seigneurs le gentilhomme qui apporta d'Orient en Dauphiné le corps de saint Antoine, et divers personnages marquants du XIV° siècle. Ses habitants avaient des libertés et des priviléges fort anciens. Son village était fréquenté par les meilleures familles de Grenoble, qui venaient oublier souvent, au milieu d'une population calme et sympathique, les servitudes de l'étiquette et le bruit des cités.

Toutefois, la demeure féodale des premiers maîtres de la contrée n'était pas à l'Albenc même, à cause de la défense trop difficile de sa position, mais sur le coteau à peine boisé qui s'étend de Poliénas à Tullins, non loin de cette dernière agglomération. Là, au milieu de quelques ronces, on découvre encore les débris de Châteauneuf, résidence des barons de même nom, que l'on croyait descendre des Poitiers, comtes de Valentinois, au temps d'Aimar Falco. Ce qu'il y a de certain, aujourd'hui, c'est que Jocelyn, accomplissant pour son père le vœu d'aller en Terre-Sainte, avait apporté, au retour, les reliques du patriarche des Cénobites, et que le prince Guillaume obligea Didier à les placer, non à Saint-Paul-lès-Romans, mais à La Motte-Saint-Didier, « où les fondements d'une « église avaient été jetés par son prédécesseur Josselin, « en l'honneur de saint Antoine et de sainte Marie, an- « cienne patronne du lieu. » M. Giraud, qui a si habilement élucidé l'histoire de Romans, déclare ignorer quel était ce prince Guillaume, appelé *Guillame de Provence*. Je ferai comme le savant et judicieux historien; mais j'ajouterai que La Motte-Saint-Didier devint le berceau de l'ordre qui construisit la belle église et le monastère de Saint-Antoine (1).

____

(1) Dassy, *l'Abbaye de Saint-Antoine*, p. 15 et note B. — Giraud, *Essai historique* sur l'abbaye de Saint-Barnard, I, 180.

Plus tard, en souvenir de ces faits, la famille de Châteauneuf prit pour armes, au lieu *d'argent au chef de gueules, d'azur à trois potences d'or ou béquilles de saint Antoine, posées 2 et 1*, et donna à l'ordre deux de ses abbés : Hugues, en 1377, et Gérenton, en 1405.

Vassale des Dauphins, ainsi que le prouvent divers hommages, de 1263 à 1413, elle prit part à plusieurs de leurs expéditions militaires, et guerroya plus d'une fois contre les seigneurs de Vinay, ses voisins. François, le dernier de la branche de Châteauneuf, laissa ses biens à sa sœur Anne ou Agnès, femme de Guigues Alleman, seigneur d'Uriage, vers 1413.

Or, il y eut en Dauphiné peu de familles aussi influentes et aussi nombreuses que celle-là, témoin le proverbe : *Parenté des Alleman* ou *Gare la queue des Alleman*. Sans remonter à son origine, je m'arrêterai un instant à Soffroy « ou Soffrey », seigneur de Châteauneuf de l'Arben, « Duriage et de Tullins, maistre dostel du roy Daul- « phin, » qui testa à Valence le 14 décembre 1462. Il était alors disposé « à aller en larmee du roy nouvelle- « ment mise sus pour aller en pays de Cathaloingne, de « laquelle il avoit charge, ayant esté fait et ordonné capi- « taine de cent lances. » Il veut être inhumé dans la chapelle de Sainte-Catherine, qu'il fait construire au bourg de Châteauneuf, ou à Grenoble, dans la chapelle de sa maison, chez les Cordeliers. Deux cents pauvres, « vestus de drap de charge noir neuf, tant de robe que de chape- ron, » porteront à ses funérailles, chacun, une torche de 3 livres, et tout le clergé de sa terre y assistera.

Négligeant les fondations pies du testateur, nous re- marquerons les dispoitions suivantes :

« Veult et ordonne que le noble Henry de Champs son « chier nepveu, pour ses bons et agreables services aye « et dohie avoir sa vie honorablement, comme sil estoit » son propre fils; donne et lègue à Guigue Bastart dU- « riage, son sien frère, cent escus; — à noble damoyselle « Glaude de St-Roman, 500 florins avecque tous les ha-

« bilements de ses noces quant elle se marieroit ; — a sa
« tres chiere compaigne, la noble Glaude de Beauvoir, le
« chastel de Tullins, avecque le mandement, territoire,
« juridiction, rentes, revenus, droiz, emoluments et ap-
« pertenances dicelluy, sa vie durant, tant quelle sera en
« viduité ; — institue et ordonne ses hoirs, lesquieulx il
« nomme desa propre bouche : noble Loyse Allemande, sa
« fille tres aimee, ou chastel terre, mandemens, juridic-
« tions et seigneurie de Chasteauneuf de l'Arbe et de Tu-
« lins... et la noble Charlote Allemande, sa fille tres ai-
« mee, en la terre, chasteaux, juridiction, territoire,
« mandements et seigneuries dUriage et de Vante. »

La mort de Louise Alleman ou de nouvelles dispositions
changèrent l'ordre indiqué dans l'acte de 1462 : Char-
lotte porta en effet la terre de Châteauneuf à Renaud du
Chastelet, son mari, d'une maison de Lorraine, capitaine
des gardes du roi Louis XI et maréchal de Dauphiné.

Antoine de Chastelet, petit-fils de Renaud, surnommé
Alleman, baron de Châteauneuf et bailli de Nancy, aliéna
en 1515, à Louise de Savoie, vicomtesse de Martigues, le
vingtain ou la vingtième partie des fruits de Poliénas, de
Mérin, ancienne paroisse de l'Albenc, de Vinay et de
l'Allégrerie ; mais cette vente ayant été annulée, le vendeur remplaça ce vingtain par les moulins de Poliénas,
rachetés de noble Claude de Plovier. Un arrêt du 14 août
1550 maintint Françoise Terrail, nièce du chevalier
Bayart, en la possession du vingtain de Châteauneuf de
l'Albenc, Poliénas et Montferrier.

Le même Antoine du Chastelet reçut, le 27 novembre
1570, une somme de 1,820 écus pour relever son château détruit pour le service du roi, « de peur que les Hu-
guenots s'en saisissent. » En ces temps de discordes civiles,
l'Albenc avait une population plus d'à moitié protes-
tante.

Quant aux Luxembourg, sortis des de Fiennes, des comtes de Saint-Paul et des seigneurs de Ligny, ils ne con-
servèrent pas longtemps des droits dans la baronnie de

Châteauneuf. Sébastien, surnommé comme Bayart, le Chevalier sans peur, aliéna en 1557, en faveur de noble Pierre Truffel-Guerre, secrétaire du roi, les deux moulins de l'Albenc et le grand étang de Poliénas.

Chrétienne, femme de Maximilien de Choiseul, Philiberte et Marguerite du Cha-telet, alliées aux d'Anglure, sœurs de François, ci-dessus, se dessaisirent à leur tour, le 7 mai 1599, de la baronnie de Châteauneuf, au profit de Laurence de Monteynard, veuve de Gaspard de Baronnat.

La famille de ce gentilhomme venait de Metz, selon uns, et de Lyon, selon les autres. Il eut de Laurence de Monteynard plusieurs enfants et, entre autres : Laurence-Françoise, femme de Pierre Joffrey, seigneur de Bardonnanche, qui céda la baronnie de l'Albenc, vers 1631, à noble Jeanne du Vache, et Octavien, vendeur de la baronnie de Châteauneuf au même du Vache, en 1639, pour 7,000 livres et 350 livres d'étrennes.

Il paraît que Pierre Joffrey avait acquis l'Albenc vers 1619, puisque, cette année-là, les lods dus au roi furent liquidés à 1,866 livres (1). Mais on sait que, vers 1506, les hoirs de noble Soffrey Alleman avaient traité pour partie de leurs droits avec noble Jean Gaubert, qui les rétrocéda à Isabeau Dodieu, et celle-ci à Jacques de Baronnat.

Une fois maître de l'Albenc, Jean du Vache, issu d'une famille de St-Marcellin, que Chorier fait venir du marquisat de Saluces, fit sculpter ses armes (*d'argent à la vache passante de gueules, au chef d'azur*) sur une pierre encore existante à côté du moulin de l'Albenc. Il offrit aussi un nouveau reliquaire à l'abbaye de Saint-Antoine, et ne laissa qu'une fille de Gasparde de Monteynard : Gabrielle, dont Guy-Balthazar Pobel, marquis de

---

(1) En 1570, Balthazar Barillon se déclarait maître, comme acquéreur des seigneurs de Vinay et de Châteauneuf, de la juridiction haute, moyenne et basse, de censes, directe, pâturages et droits à l'Albenc.

la Pierre, obtint la main. Ce gentilhomme ayant refusé de prêter serment au roi de France, qui venait de conquérir la Savoie, et s'étant même rendu coupable de félonie en portant les armes contre son suzerain, vit ses biens confisqués et vendus.

Jean-Baptiste de Chaléon s'en rendit adjudicataire en 1740, et les garda jusqu'en 1789, bien que l'*Almanach du Dauphiné* les attribue alors aux Gallien de Chabons.

Indépendamment de ses seigneurs, l'Albenc avait dans son bourg et dans son territoire plusieurs familles nobles, comme les Peccat, les Rabot, les Barillon, les Gumin, les Rosier de Linage et plusieurs autres, dont diverses armoiries conservent la mémoire, et que de plus habiles interpréteront.

En 1634, sa seigneurie comprenait un bourg, les hameaux de Bivan, Malan, Roquetière, Girondière et Meysonières, la haute et basse justice, les langues de bœufs et de vaches, les *nombles* et *onglons* des porcs tués à la boucherie, un péage à l'e·trée du bourg, 33 corvées, le gelinage, chevrotage, fournage, moulinage, paléage et vingtain (ou droit de prendre des poules, des chevreaux et de la paille), 2 moulins, un étang et un terrier de 10 sétiers de blé, 97 poules, 28 poulets, 3 peignes et 1 fer de cheval, 5 agneaux, 25 livres et 3 gros d'or.

Quant à la communauté, avant l'établissement de la route nationale, au XVIII siècle, elle était peuplée d'habitants pauvres, dépourvue de commerce et d'industrie, et son territoire, peu étendu, appartenait pour la meilleure part, en 1656, à la noblesse ou demeurait inculte, à cause des inondations et des inégalités de terrain, qui le rendaient impropre aux moissons (1). La peste y fit mourir, en 1643, plus des deux tiers de la population, soit plus de 60 familles.   A. LACROIX.

---

(1) Archives de la Drôme et de l'Isère. — *Armorial du Dauphiné*, notes de M. Ballet, curé de l'Albenc.

Un recueil de poésies manuscrites du XVIII° siècle contient les pièces suivantes, qui peut-être ont été publiées, mais qui certainement sont peu connues aujourd'hui :

1743. — Sur M. de Tencin, qui parut appelé de Rome pour succéder au cardinal Fleury.

> Auroit-on pensé qu'à Moïse
> Tencin pût être comparé?
> Ils ont vu la terre promise
> Et nul des deux n'y est entré.

A Mlle de Chapponay (probablement Catherine-Claudine, mariée avec Gabriel Pourroy de l'Aubÿrivière, président du Parlement de Grenoble).

> Apollon seroit en colère
> De voir une muse étrangère
> Chanter une divinité.
> Je crains le sort du téméraire
> Qui périt pour avoir tenté
> Ce qu'il est seul digne de faire.

SUR GRENOBLE.

> — Que peut-on voir au dessus de Grenoble,
> *ou bien* Il est fâcheux de partir de Grenoble ;
> Tous les plaisirs y brillent à la fois :
> Ce sont les fruits de ce règne si noble
> Et si brillant des dames et des lois.